创办你的企业

START YOUR BUSINESS

（乡村创业版）

创业意识手册

中国就业培训技术指导中心　组织编写

中国劳动社会保障出版社

图书在版编目(CIP)数据

创办你的企业：乡村创业版.创业意识手册/中国就业培训技术指导中心组织编写.--北京：中国劳动社会保障出版社，2019

ISBN 978-7-5167-3912-9

Ⅰ.①创…　Ⅱ.①中…　Ⅲ.①企业管理-职业培训-教材　Ⅳ.①F272

中国版本图书馆CIP数据核字(2019)第034823号

中国劳动社会保障出版社出版发行

（北京市惠新东街1号　邮政编码：100029）

*

北京市艺辉印刷有限公司印刷装订　新华书店经销
890毫米×1240毫米　16开本　4印张　78千字
2019年3月第1版　2020年4月第2次印刷
定价：15.00元

读者服务部电话：(010)64929211/84209101/64921644
营销中心电话：(010)64962347
出版社网址：http://www.class.com.cn

版权专有　　侵权必究

如有印装差错，请与本社联系调换：(010)81211666
我社将与版权执法机关配合，大力打击盗印、销售和使用盗版图书活动，敬请广大读者协助举报，经查实将给予举报者奖励。
举报电话：(010)64954652

前 言

农民是天然的创业者，他们在家种植养殖，外出打工，自主选择，不等不靠，用心经营，吃苦耐劳，凭借自己提供的产品和劳动力，顽强而灵活地面向市场谋生存。农村的每个家庭都是一个独立的经济实体，在市场经济的海洋中飘荡起伏，并承担自主经营带来的一切后果。在政府大力推动扶贫攻坚、乡村振兴等国家战略的背景下，在互联网经济、农村电商的新形势下，有效利用农业资源返乡创业，成为越来越多农民的务实选择。然而，很多农民会种会养不会卖，年年辛勤劳作，手里却总存不住钱，粗放经营、低收益似乎成为农业经营的常态。

如何帮助农民了解市场规律，掌握经营技巧，推动农产品优化、升级，走规模化、品牌化的道路，进而不断提高农业创业的经营效益，将是创业培训工作者们的重要责任，《创办你的企业（乡村创业版）》教材正是承载着这样的使命出版。

一、教材体系构成

《创办你的企业（乡村创业版）》教材由三本书构成：

《创办你的企业（乡村创业版）——创业意识手册》主要介绍创业的入门知识，提高学员对企业、市场和自我的认知，找到并确定最适合自己的企业想法。

《创办你的企业（乡村创业版）——创业计划手册》系统介绍经营企业的要点和规律，帮助学员利用所学知识将企业想法转化成一份可操作的创业计划书。

《创办你的企业（乡村创业版）——创业计划书》供学员编写计划书时使用。通过编写计划书，对所选创业项目进行系统、周密的规划。

二、教材具体内容

《创办你的企业（乡村创业版）》教材全部内容有十个步骤，每一步都以创业过程中遇到的典型问题作为标题，便于学习时把握重点。

《创办你的企业（乡村创业版）——创业意识手册》中包括第一步和第二步内容。

第一步　你适合创办企业吗　主要讲授什么是企业，成功创办小微企业的关键因素，以及如何增强自己的创业能力。在这个过程中，学员还可以通过做练习测试自己是否适合创业。

第二步　你如何找到一个好的企业想法　主要讲授企业有哪些类型，小微企业的成功要素，如何产生创业想法，分析并筛选出可行的企业想法，确定一个最适合自己的创业想法。

《创办你的企业（乡村创业版）——创业计划手册》中包括第三步至第十步内容。

第三步　如何评估你的市场　主要讲授如何了解顾客和竞争对手，怎样制订市场营销计划，如何预测企业产品的销售量。

第四步　如何组织你的企业人员　主要讲授企业的人员组成，确定岗位职责，选聘合适的员工。

第五步　如何选择你的企业法律形态　主要讲授什么是企业法律形态，常见企业法律形态的特点，如何选择一种适合自己企业的法律形态。

第六步　了解你的企业的法律环境和责任　主要讲授企业的法律环境，企业需要承担的登记注册、依法纳税、维护职工权益等法律责任，以及如何通过参加商业保险来降低企业风险。

第七步　如何预测你的启动资金　主要讲授启动资金的类型以及怎样进行投资和流动资金预测，预测你需要多少钱才能把你的企业开办起来。

第八步　如何制订你的利润计划　主要讲授怎样制定销售价格，预测销售收入，制订销售与成本计划和现金流量计划，通过什么渠道融资。

第九步　如何判断你的企业能否生存　主要讲授为什么要编制创业计划书，怎样编写创业计划书，衡量自己的企业能否创办下去，并制订开办企业的行动计划。

第十步　如何面对你即将开办的企业　主要讲授企业创办以后有哪些日常工作，下一步该做什么。

三、图标及关键词含义说明

教材中出现的小图标和关键词代表着不同类别的内容。

"记住"是对重点知识的提示，帮助学员把握学习要点，加深对所学知识的理解和记忆。

"拓展"是对教材正文内容的补充与扩展。讲师可根据需要讲授，也可供学员自己阅读。

是创业故事的标志。本教材讲述了王强和刘丽的创业故事，他们在创业过程中遇到的各种问题与教材中所讲知识点相对应，帮助学员更加直观、形象地理解所学内容。

"练习"紧密结合讲授内容，用以帮助学员加深对内容的理解，巩固所学知识。

"实践"是有关学员自己的练习，内容密切结合学员自己的创业实践，具有更强的实战性，这部分内容最终可汇总到创业计划书中。

四、教材编写说明

本教材是在2009年版《创办你的企业（农村劳动力版）》教材基础上，在有关专家的共同努力下改编完成的。尚虹完成第一步和第二步内容的编写，郑晓瑾完成第三步和第四步内容的编写，何敏完成第五步和第六步内容的编写，高爱兰完成第七步和第八步内容的编写，叶仁平完成第九步和第十步内容的编写；刘银来完成"王强和刘丽的创业故事"内容的编写；余天好、黄虹辉、陈志勇完成练习题和《创业计划书》内容的编写。石科明完成全套教材的统稿工作。此外，刘旭明、王清阁、陈志勇完成全套教材的编审工作。在此一并致谢。

中国就业培训技术指导中心

2019年3月

目 录

第一步　你适合创办企业吗　1

一、什么是企业　1
二、成功创办小微企业的关键因素　2
三、增强你的创业能力　13
小结　15

第二步　你如何找到一个好的企业想法　16

一、企业类型　16
二、小微企业成功的要素　18
三、产生你的企业想法　19
四、筛选你的企业想法　27
五、分析你的企业想法　29
六、确定你的企业想法　36
小结　36

实践　37

实践1　估算你能拿多少钱创业　37
实践2　你是否具备成功创办小微企业的关键因素　38
实践3　增强你的创业能力　39
实践4　你喜欢创办哪类企业　40
实践5　调查你准备创业地区的环境，产生企业想法　41
实践6　调查你准备创业地区的企业情况，产生企业想法　42

实践 7	利用你的技能和经验，产生企业想法	43
实践 8	利用各种问题，产生企业想法	44
实践 9	利用互联网，产生企业想法	45
实践 10	汇总你的企业想法	46
实践 11	筛选你的企业想法	47
实践 12	对你的企业想法进行实地调研	48
实践 13	为你选择的企业想法做 SWOT 分析	51
实践 14	分析你想要创办的企业对环境的影响	54
实践 15	确定你的企业想法	55

第一步　你适合创办企业吗

一家企业的成功和企业主有着密不可分的关系，企业主的性格、技能水平、经济状况等因素都会对企业的创办产生影响。如果你要创办自己的企业，要做的第一件事情就是"照镜子"——你必须认真打量自己，判断自己是否适合成为企业主，目前是否具备创办企业的基本条件。

在这一步，你将了解成功创办一家企业所需的基本条件，并且评价自己是否具备这些条件。

一、什么是企业

企业是依法设立，以赢利为目的，从事商品生产和交换或提供服务活动的经济组织。

创办企业的可以是一个人，也可以是由多个人组成的群体。企业的经营活动是一个不断循环的动态过程，在这个过程中自然形成了三股流，如下图所示。

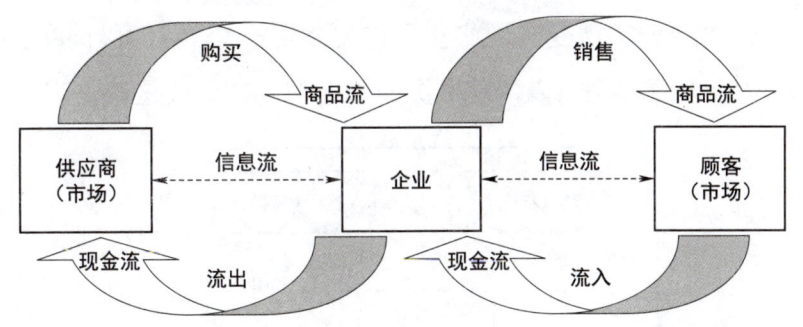

商品流——指从市场购买商品（设备、原材料等），并向市场销售商品（产品、服务等）的商品活动流。

现金流——指现金流出（购买原材料，支付维修费、租金等）和现金流入（销售收入等）的现金活动流。

信息流——指企业与顾客、供应商之间信息多向传递及反馈所形成的信息活动流。

企业主需要有效控制企业经营过程中的三股流，随时关注并及时掌握市场信息，持续进行采购、生产和销售活动，确保在一定时期内流入企业的资金多于流出企业的资金，这样企业才能得以生存和发展。

二、成功创办小微企业的关键因素

你在真正开始创业之前,还有一件非常重要的事情要做,就是"照镜子"。"照镜子"的目的是使你清楚地了解自己是否适合创办一家企业。

如果你发现自己在创业方面还存在很多不足,就要积极寻找适当的方法弥补自己的不足。

那么,怎样才能成为一个企业主呢?怎样才能成功地创办一家企业呢?这些是人们经常问的问题。但是,到目前为止还没有找到一种简单而通用的方法,让人能够快速、成功地创办企业。

尽管如此,无数创业先行者还是总结出了成功创办小微企业的关键因素,也就是动机和决心、素质和能力、想法和市场、环境和资源。

这其中既有创业者内在的要素,也有外部的条件。只有既做好内在准备,又能抓住和利用外部的条件,创业才有可能成功。

此外,为了将你的企业想法变成现实,还需要制订一个具有可行性的创业计划并予以实施。下图所示的创业要素模型可以帮助你更简单地理解并记住这些关键因素。

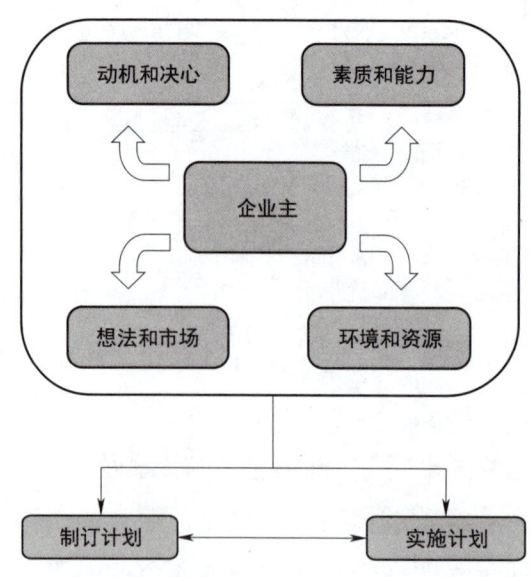

1. 动机和决心

谈及创业动机和决心，实际上就是要说清楚你为什么要创办一家企业。创业动机和决心是你能否成功创办企业的前提。

2. 素质和能力

要想成功创办企业，创业者本人或者合伙人是否具备相关的素质和能力也是非常重要的。

如果你有果断决策的魄力和勇气，有愿意承担风险和诚信经营的品质，有相关的实用技术与基本知识，有相关行业的活动体验和经验等，那么你就很有可能成为创业成功者。

下面的测试将帮助你了解成功的企业主应当具备的素质和能力，并评价自己的创业潜力。

完成下面的测试，评价一下你的创业潜力。
- 如果A栏里的陈述符合你的情况，请在A栏对应的单元格里填写分值2。
- 如果B栏里的陈述符合你的情况，请在B栏对应的单元格里填写分值2。

这项测试只针对你个人，它能帮助你正确认识自己是否具有成功经营企业的潜力。请注意，自我评价要实事求是。

1. 创办企业的动机				
A		B	
我有一份工作		我没有工作	
我从自己做过的每一份工作中都学到了一些东西，我发现工作很有意思		我工作只是为了挣钱。我对工作兴趣不大	
我想让我的企业成为我的终身事业		我想创业，是因为没有其他选择	
我想拥有一家企业，这样我能够为我的家庭提供更好的生活条件		我想创办企业是因为我想取得成功。富人都有自己的企业	
我坚信，我创业能否成功首先取决于我自己的努力		一个人不论做什么，成功的前提是能够得到他人的帮助	
合计		合计	

2. 创办企业的主动性

A	B	
我不惧怕问题，因为问题是生活的组成部分。我会想办法解决每个问题	我发现处理问题很难。我害怕遇到问题，或者干脆不想这些问题	
当我遇到困难时，我会尽全力克服困难。困难是对我的挑战，我喜欢挑战	如果我有困难，我试图忘掉这些困难，或者等待困难自行消失	
我不会等待事情的发生，而是努力促使事情发生	我喜欢顺其自然并等待好事降临	
我总是尝试做一些与众不同的事情	我只喜欢做我擅长的事情	
我认为所有的构思都有实现的可能，在尽可能多的构思中寻求最可行的才更有价值	人都有很多构思，但是一个人不可能做所有的事情。我愿意坚持自己最初的构思	
合计	合计	

3. 对企业的承诺

A	B	
我在压力之下工作得很好，我喜欢迎接挑战	我在压力之下工作得不好，我喜欢平静和轻松	
我每天在企业工作很长时间，不介意利用业余时间处理其他事务	我认为工作以外的时间很重要，一个人不应该工作得太久	
就算遇到困难，我也可以坚持下去	遇到困难时，我不能坚持下去	
如果需要，我可以把社交活动、休闲娱乐和业余爱好放在次要位置	我认为在社交活动、业余爱好以及休息上多花时间是很重要的	
我愿意非常努力地工作	我愿意完成与工作相关的事情	
合计	合计	

4. 坚韧不拔和应对危机的能力

A	B	
即使面对极大的困难，我也不会轻易放弃	如果做这些事情存在很多困难，那么我认为真的不值得为其去奋斗	
我不会为挫折和失败沮丧太久	挫折和失败对我的影响很大	
我相信自己有能力扭转局势	一个人能够独立做事情，运气起了很大的作用	
如果有人对我说"不"，我会泰然处之，并尽最大努力改变他们的看法	如果有人对我说"不"，我通常会感觉很糟并选择放弃这件事情	
我在遇到危机时，能够保持冷静并找出最佳的应对办法	遇到危机时，我会感到慌乱和紧张	
合计	合计	

5. 风险承担能力	
A	B
我坚信，要在生活中前进就必须敢于冒风险	我不喜欢冒风险，即便有机会得到很大的回报也是这样
我认为风险中也蕴含机会	如果可以选择，我愿意以最稳妥的方式做事
我只有在权衡利弊之后才会去冒风险	如果我喜欢一个构思，我会不计利弊地去冒风险
即使投入自己企业的资金亏掉了，我也不后悔	如果投入自己企业的资金亏掉了，我难以接受这样的事实
我清楚不是所有的事情都能够被完全控制，哪怕我具有掌控权	我喜欢完全控制自己做的事情
合计	合计

6. 决策能力	
A	B
我喜欢做决定，而且能够轻松地做决定	我发现做决定很难
我能自己做出艰难的决定	在我做出艰难决定之前，我要征求很多人的意见
我常常能够果断地决定做什么	我尽可能长地推迟做决定的时间
在做决定之前，我会认真思考并考虑所有可能的选择	我凭感觉和直觉做出决定，只知道眼下要做什么
我不怕犯错误，因为我可以从错误中吸取教训	我经常担心会犯错误
合计	合计

7. 适应企业需要的能力	
A	B
我只提供顾客需要的产品或服务	我只提供我喜欢的产品或服务
如果我的顾客需要更便宜的产品或服务，我将想办法满足其需求	如果我的顾客需要更便宜的产品或服务，他们只能找其他企业
如果我的顾客想赊购，我会想办法降低风险，为他们提供赊购服务	我不会向任何人赊销我的产品或服务
如果将企业迁到其他地方生意会更好，我会选择这样做	我不准备重新选择企业地点。我的企业在哪里，顾客和供应商就必须在哪里
我将研究市场趋势，并力图改变工作态度和方法，以跟上时代的发展	我倾向于按照我以往的经验去工作，跟上时代的发展太难了
合计	合计

8. 沟通和谈判能力		
A	B	
我喜欢谈判，并且经常在谈判中达到目的	我不喜欢谈判，按照他人的建议去做更容易	
我与他人沟通得很好	我与他人沟通有一些困难	
我常常能够吸纳他人的合理建议，作为自己的决策参考	我一般对他人的观点和建议不感兴趣	
在谈判中，我喜欢发表自己的意见和建议	如果参加谈判，我更愿意作为一名听众，旁观事态的发展	
我认为，在谈判中达到目的的最好方法是努力寻找一个使双方都受益的方案	因为企业是我的，所以我的意见最重要。谈判中总有一方会失败	
合计	合计	

9. 协调家庭和企业之间关系的能力		
A	B	
如果有必要，在企业能够负担的范围内，我会从企业拿出钱来供我和家人使用	我的家人需要多少钱，我就从企业里拿多少钱	
如果我的家人或朋友经济上有困难，我会用预留给我个人的钱来帮助他们，绝不会从我的企业里拿钱	如果我的家人或朋友经济上有困难，我将帮助他们，即便这样做可能会损害我的企业	
我不能把大量的工作时间花在家人身上而忽略我的企业	我认为家庭的位置高于企业	
我的家人或朋友将与其他顾客一样购买我的产品或服务，或为使用企业的资产付钱	我的家人或朋友在我的企业将得到特殊的服务	
我不会因为他们是我的家人或朋友就允许他们赊很多账	我常常让我的家人或朋友赊账	
合计	合计	

10. 获得家庭支持的能力		
A	B	
如果企业的决策会对家人产生影响，我会让家人参与决策	我不会让家人参与对他们有影响的企业决策	
对企业全身心投入使我不能花很多时间和家人在一起，但家人都很理解我	对企业全身心投入使我不能花很多时间和家人在一起，他们对此感到不快	
在创业之初，如果我的企业经营得不是很成功，并且给家人带来了经济上的负担，我的家人愿意承受	在创业之初，如果我的企业经营得不是很成功，并且给家人带来了经济上的负担，我的家人会十分生气	
家人愿意帮助我克服企业经营过程中遇到的困难	家人可能不愿意或没有能力帮助我解决企业经营过程中出现的问题	
家人认为我创办企业是个好主意	家人对我创办企业感到不安	
合计	合计	

通过上面的测试，你能够从10个方面评估你在企业经营方面的强项和弱项。做完测试后，请分别将上面每张表格中A栏和B栏的合计分数填入下方表格对应的单元格内。

● 如果你在某个方面A栏里的分数是6~10分，说明这方面是你的强项，请在下方表格对应的单元格内画"√"。

● 如果你在某个方面A栏里的分数是0~4分，说明你在这方面不太强，请在下方表格对应的单元格内画"√"。

● 如果你在某个方面B栏里的分数是0~4分，说明你在这方面有点弱，请在下方表格对应的单元格内画"×"。

● 如果你在某个方面B栏里的分数是6~10分，说明这方面是你的弱项，请在下方表格对应的单元格内画"×"。

素质/能力	A	强（6~10分）	不太强（0~4分）	B	有点弱（0~4分）	弱（6~10分）
1. 我创办企业的动机						
2. 我创办企业的主动性						
3. 我对企业的承诺						
4. 我的坚韧不拔和应对危机的能力						
5. 我的风险承担能力						
6. 我的决策能力						
7. 我适应企业需要的能力						
8. 我的沟通和谈判能力						
9. 我协调家庭和企业之间关系的能力						
10. 我获得家庭支持的能力						
总分						

- 如果你 A 栏总分达到 50 分或更高，就说明你具备一个好的企业主所应具备的各项素质和能力。
- 如果你 B 栏总分达到 50 分或更高，就说明你需要对自己的弱项加以改进，逐步将弱项转变为强项。

记住

"旁观者清，当局者迷。"建议你在做自我评价后，请你的家人或朋友利用上面的测试对你再进行一次评价。比较两次评价的结果，以便更加客观、准确地了解你的创业潜力。

下面介绍的这对夫妻将和你一起面对创业过程中可能出现的各种问题，希望他们的创业故事能够帮助你更好地学习和掌握创办企业的知识和技能。

王强和刘丽的创业故事（一） 返乡创业

王强，43 岁，河南某村村民，干活勤快，能吃苦，脑子灵活，年轻时就和同村的人一起进城打工了。在城里打工的这些年，王强做过很多工作，在建筑工地做过小工，在装修公司当过工人，还曾经帮过一个开公司的同乡卖家具。妻子刘丽，40 岁，在河南老家务农，农闲时节会到镇上的小加工厂打点零工。儿子王小明，19 岁，在市里的一所技工学校上学。虽然这些年两口子赚了一些钱，生活比以前好了很多，但全家人每年聚少离多。

最近，王强听一起进城打工的朋友说，县政府在他们打工的城市组织召开了外出务工人员返乡创业政策宣讲会，还把县里印发的外出务工人员返乡创业政策宣传单给了王强。看着手中的政策宣传单，想到儿子王小明就要毕业了，还需要找工作，家里老人也都上了年纪，需要人照顾，他犯起了思量。回想这几年，好几个同乡都不再给别人打工了，而是自己当上了老板。王强觉得自己这么多年在外积累了一定的经验和资金，家乡又推出了这么多的创业优惠政策，如果回老家做点生意，没准儿能干出一番事业。

3. 想法和市场

选择一个有市场前景的企业想法非常重要。为此，你需要认真思考以下四个方面的问题：

- 销售什么产品或服务?
- 向谁销售产品或服务?
- 如何销售产品或服务?
- 满足顾客哪些需求?

同时,你还要考虑,要有足够多的顾客购买你的产品或服务,并且你的顾客要具备相应的购买能力。

4. 环境和资源

企业需要拥有良好的生存环境并获得充足、有效的资源,如水电、道路、土地、水域、资金、人员,以及相关政策和创业服务机构的各种帮助等,这不仅影响你选择创办什么样的企业,还影响企业在创办后的生存和发展。

近年来,随着我国乡村振兴战略的全面部署实施,以及"大众创业、万众创新"活动不断深入开展,国家和地方政府加大了对农民工返乡创业的支持力度,在开展创业培训、改善金融服务、完善社会保障等方面推出了多项计划和扶持政策,帮助更多农村劳动力返乡创业。如需要,你可以向相关部门咨询。

资金是创业不可缺少的重要资源之一。要么你自己有一定的存款，要么你可以通过其他渠道获得资金。

还有一件很重要的事情，当你决定创业的时候，你不能把自己所有的钱都投进企业。因为，如果你的家庭没有其他收入来源，所有的生活开支就得从你的积蓄中支付，直到你的企业能够赚到钱并足以支付你的家庭开支为止。

记住

在估算出你能用于创业的资金之后，必须留出一部分钱作为风险防范金，以备不时之需。

一般情况下，一家新创办的小微企业至少需要经营3个月甚至更长时间，才会赚到足够多的钱来支付企业主及其家庭的生活费用。

王强和刘丽的创业故事（二） 拿多少钱创业

王强和刘丽夫妇二人计划明年春节后就不出去打工了，准备在家乡创办一家小微企业。他们算了一笔账，看看一共能拿出多少钱创业。

项目	金额（元）
收入	
1. 存款	20 000
2. 刘丽从加工厂拿到的最后两个月的工资	3 700
3. 王强从朋友那里要回的欠款	8 500
收入合计（A）	32 200
支出（以后3个月）	
1. 日常生活开支	3 000
2. 给双方父母贴补家用的钱	1 200
支出合计（B）	4 200
剩余资金（A-B）	**28 000**

他们考虑到将所有的钱都用于创业风险太大，决定留下5 000元，以防万一。所以，他们真正能够拿来创业的钱是23 000元。

练习 1

完成下面的练习，想一想，孙兴旺有多少钱可以创办企业。

孙兴旺计划在镇上开办一家快递代理店。目前，他有 6 500 元现金、57 500 元银行存款。他现在没有工作，这意味着在企业赢利之前，他没有其他收入来源。而且，在这段时间里，孙兴旺要负担自己和全家每月至少 2 000 元的日常生活开支，还要每月偿还 2 500 元的个人债务。他计划在 1 个月内开办企业，预计至少 3 个月后才能靠企业赢利来支付日常生活开支。

1. 填写下表，计算孙兴旺有多少钱可以用于创业。

项目	金额（元）
收入	
1. 现金	
2. 存款	
3. 其他	
收入合计（A）	
支出（以后____个月）	
1. 日常生活开支	
2. 偿还个人债务	
3. 其他	
支出合计（B）	
剩余资金（A–B）	

2. 你觉得孙兴旺用多少钱创业比较合理？为什么？

完成第 37 页的实践 1，估算一下，你能拿多少钱创业。

5. 制订计划

为了将你的企业想法变成现实，在做好前面四个方面的准备后，你还需要制订一个创业计划，撰写一份创业计划书。

创业计划书的具体内容和填写要求在《创办你的企业（乡村创业版）——创业计划手册》中会详细介绍。你在完成每一步实践练习后，汇总实践成果即可完成你的创业计划书。

6. 实施计划

有了创业计划，并不意味着你就一定能够成功创办一家企业。你要按照计划去行动，并且在行动过程中不断调整和完善你的计划。在行动过程中你可能会遇到很多问题，你可以积极地寻求他人的帮助，例如向创业咨询师、律师、会计师或为小微企业提供服务的机构中的工作人员等专业人士进行咨询等。

总之，创办一家小微企业并不是轻而易举的事情，你需要：

（1）具备强烈的创业动机和必要的创业能力。

（2）找到一个好的企业想法。

（3）准备相应的资源。

（4）完成你的创业计划书。

（5）实施你的创业计划，把你的企业想法变成现实。

记住

创办小微企业的原则：志向要大，计算要精，起步要稳。

练习2

完成下面的练习，想一想，周红创办的民宿为什么会失败。

周红所在的乡镇最近在大力发展旅游业。周红听说后，想开一间民宿，自己当老板。

周红向父母说了自己的想法，并希望父母给予一定的经济支持，但是父母不同意将积蓄借给她。没办法，她只能用家里的房子做抵押向银行申请贷款。

周红得到贷款后立即着手准备。她租用了邻居的两栋楼房，把房子按照田园风格装修了一番，添置了很多高档家具和电器，雇用了一大批服务人员，并将所有服务人员都送到外地参加岗前培训。在申请到营业执照后，周红的民宿开业了。

尽管周红干劲儿很足，夜以继日地工作，并且通过各种渠道做了宣传，但民宿的生意始终很冷淡。经营3个月后，周红用于支付员工工资的现金便非常紧张，年底时，可以支配的资金寥寥无几，无法偿还银行贷款。于是，银行中止了对周红的贷款，并要求其偿还所有债务，周红不得不宣布民宿破产。银行开始拍卖周红的资产来偿还其债务，看样子，她家的房子就要保不住了。

问题：

1. 周红创办的民宿为什么会倒闭？

2. 如果你是周红，你会怎么做？

完成第38页的实践2，看看你是否具备成功创办小微企业的关键因素。

三、增强你的创业能力

完成前面的测试后，即使你发现自己缺乏创办企业必备的能力，也不要灰心。你应当想办法弥补自己的不足，增强自己的创业能力。比如，你可以：

- 与生意人多打交道，向他们学习。
- 参加培训。
- 给企业老板做助手。
- 阅读相关的书籍，以及报刊和互联网等媒体上与创业有关的文章等，了解企业经营过程中可能遇到的问题和解决问题的方法。
- 观察和分析市场上出现的各种现象、问题，从中汲取经验和教训。
- 与具备相关专业技能的人合作。

王强和刘丽的创业故事（三） 信心和措施

当王强把创业的打算告诉一起进城打工的朋友时，有人支持，也有人不赞同。支持的人认为，现在创业赶上了好时候，国家出台了很多创业优惠政策，只要瞄准项目，抓住机会，农村人一样可以成功创业；不赞同的人劝王强再好好想想，他们认为，办企业要有一定的社会关系，还要有足够的本钱和能力，风险很大，一旦创业失败，不仅会赔了本钱，还有可能背上一身债务，不如给别人打工，每个月都能得到工资。王强对自己的创业想法很有信心，他认为现在正是创业的好时候，自己千万不能错过。因为：

第一，国家政策好。王强仔细看了朋友给他的那张外出务工人员返乡创业政策宣传单，越发感觉现在创业的政策环境好。如果能够利用好这些政策，他创业必定事半功倍。

第二，生活所迫。儿子临近毕业，还没找到工作，再加上双方父母都上了年纪，需要人照顾，王强认为返乡创业应该是他当前最好的选择。

第三，具备创办企业的基本能力。王强做事用心，能吃苦，善于动脑，在建筑工地和装修公司还做过班组长，有一定的组织能力，同时还有销售经验。妻子刘丽是村里有名的巧媳妇，善于与人打交道，还在镇上的小加工厂工作过，有实际工作经验，将来企业开办后可以提供很大的帮助。

第四，尽管自己没做过生意，对于市场营销、人员组织、财会等创业技能掌握不多，但是，儿子王小明在学校里学习的就是企业管理专业，可以成为他的好帮手。而且，县政府印发的宣传单上说，政府为他这样的返乡农民工提供了很多免费学习创业知识的机会，他可以利用这些学习机会提高自己的创业能力。此外，他还可以从那些做生意的同乡那里学习一些经验。

 完成第 39 页的实践 3，思考如何增强你的创业能力，将你的弱项变成强项。

小结

成功创办一家企业不是一件容易的事情。你首先要准确和清楚地了解什么是企业以及自己是否适合做企业主。不是所有人都适合创办企业，也许你的素质和能力更适合做其他工作。

如果你确定创业，那么就要关注成功创办小微企业的要素模型。这是你创办一家小微企业并成为企业主的重要工具。

总之，掌握成功创办小微企业的要素模型对于学好本套教材以及实现你的创业梦想会起到重要作用。

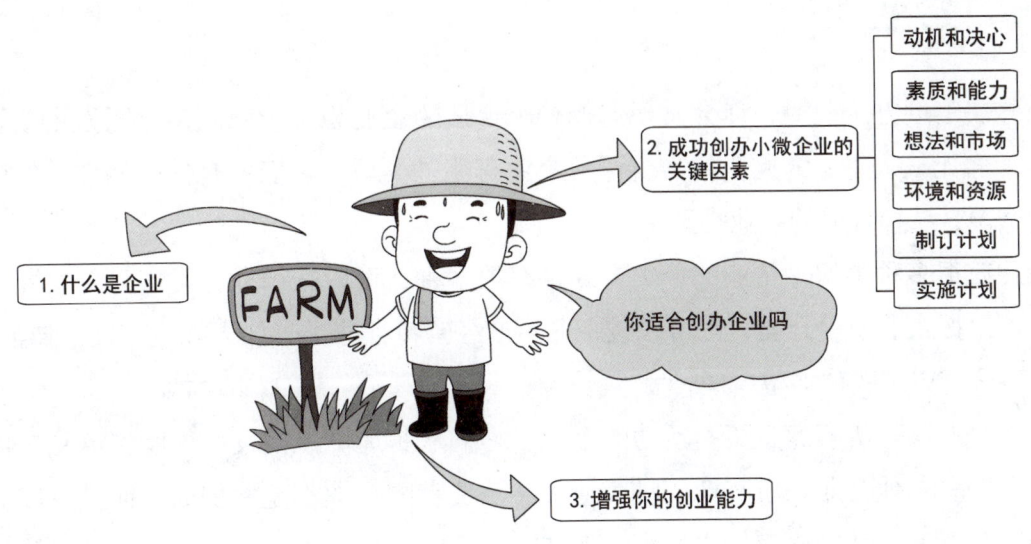

第二步　你如何找到一个好的企业想法

通过第一步的学习，你应该对自己是否适合创办企业有了明确的认识，也应该十分清楚创办企业是否是你真正想要做的事情。如果你确实认为自己适合创办企业，也真正想创办企业，那么你就要考虑创办什么样的企业，也就是说，你要为自己寻找并选择一个好的企业想法。

"男怕入错行，女怕嫁错郎。"一个好的企业想法永远是企业成功的基础。确定适合你的企业想法是十分值得投入精力去做的一件事情。

一、企业类型

当你决定创办企业时，你会发现选择一个合适的企业想法十分困难。因为企业想法可能很多，你无从入手。为此，你需要了解企业有哪些类型，它们各有什么特点，然后结合自己的情况，选择合适的企业类型。

企业有很多种类型，企业的分类方式也有很多种，可以按产业分类，可以按社会属性分类，可以按企业规模分类，也可以按企业生产经营特征分类。如果按生产经营特征分类，企业可以分为以下四种类型：

贸易企业——从事商品买卖活动的企业。它们从制造商或批发商处购买商品，再把商品卖给顾客和其他企业。所有把商品卖给最终消费者的企业都是零售商，而批发商则从制造商处购买商品，然后再卖给零售商。例如，蔬菜、瓜果、水产、文具、日用品等的批发中心都是批发商。

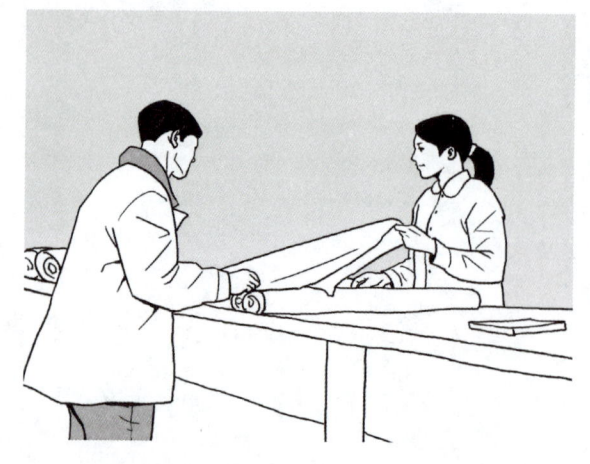

制造企业——使用原材料生产制作实物产品的企业。如果你打算创办一家生产并销售家具、砖瓦、农机具或罐头等的企业，那么你拥有的就是一家制造企业。

服务企业——提供某项特定服务或多项服务活动的企业，如货运服务、家政服务、餐饮服务、特色农家乐等。

农、林、牧、渔企业——利用土地或水域资源进行生产的企业。这类企业可能是种植蔬菜、苗木或水果的企业，也可能是养殖家畜、家禽或水产等的企业。

也许你觉得有些企业经营内容比较丰富，上述分类并不适用。例如，如果你准备创办一家农机具修理厂，那么你创办的就是服务企业，因为你提供的是维修劳务服务，但是农机具修理厂里可能同时出售机油和零配件，也就是说，你的企业也兼做零售业务。在这种情况下，要依据主要经营内容来确定这一家企业的经营类型。

对企业进行上述分类后，你可能会觉得自己适合创办某一类企业，你的思路会更加集中。当然，各类企业有不同的特点，对此你要认真分析，以便掌握成功经营这些企业的要素。此外，你的喜好、性格和经历等也会影响你对企业类型的选择。

 完成第40页的实践4，看看你喜欢创办哪类企业。

二、小微企业成功的要素

要想使企业成功，你必须对企业的每个方面都进行分析，以求在每个方面你所提供的产品或服务都是最好的。不同的企业类型有不同的特点，你要考虑以下这些重要因素。

贸易企业
- 地段好
- 外观设计好
- 销售方法好
- 商品选择面宽
- 商品价格合理
- 库存可靠

制造企业
- 生产组织有效
- 工厂布局合理
- 原材料供应充足
- 生产效率高
- 产品质量好
- 浪费现象少
- 保护环境

服务企业
- 服务及时
- 服务质量好
- 地点合适
- 顾客满意
- 对顾客诚实
- 服务收费合理
- 售后服务可靠

农、林、牧、渔企业
- 保护并有效利用土地和水域资源
- 出售新鲜产品
- 做好卫生防疫工作
- 保证品种优良
- 高效运输产品
- 规模化生产和经营

 记住

互联网企业的成功要素与传统企业有所不同。但无论是什么类型的企业都应该做到：真诚服务顾客，真诚关爱员工。

三、产生你的企业想法

一个好的企业想法必须包含两个方面：
- 必须以顾客需求为出发点。
- 必须具备满足顾客需求的个人条件。

你应当沿着这两条途径同时发掘出好的企业想法。如果你只从自己的技能和资源出发，却没考虑能否满足顾客需求，企业就可能会失败。同样，如果你只从顾客需求出发，而没有相应的技能和资源来满足顾客需求，企业也不会成功。也就是说，只有既能满足顾客需求又属于你所擅长的领域的企业想法才是可行的。

从顾客需求出发
- 人们需要新鲜的蔬菜，因此我想建立一家蔬菜种植场来满足他们的需求。
- 县城餐馆每天对鲜鱼有稳定的需求，因此我想建立一家水产养殖场来满足他们的需求。
- 很多农村家庭都有摩托车或电瓶车，而镇上的修理店却很少，因此我想开办一家摩托车修理行。

从个人条件出发
- 我有种植蔬菜的技能和经验，且当地土质适合种植蔬菜，因此我可以建立一家蔬菜种植场。
- 我在水产养殖场打过工，有一定的技术和经验，因此我可以建立一家水产养殖场。
- 我从小就喜欢拆装机械，在技工学校学过汽车维修技术，还在维修厂打过工，因此我可以开办一家摩托车修理行。

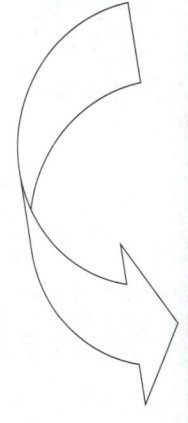

从顾客需求出发和从个人条件出发
- 人们需要新鲜的蔬菜；我有种植蔬菜的技能和经验，且当地土质适合种植蔬菜。因此，我可以建立一家蔬菜种植场来满足他们的需求。
- 县城餐馆每天对鲜鱼有稳定的需求；我在水产养殖场打过工，有一定的技术和经验。因此，我可以建立一家水产养殖场来满足他们的需求。
- 很多农村家庭都有摩托车或电瓶车，而镇上的修理店却很少；我从小就喜欢拆装机械，在技工学校学过汽车维修技术，还在维修厂打过工。因此，我可以开办一家摩托车修理行。

在产生企业想法时，尽量拓宽你的思路。你的第一个目标是企业想法越多越好，然后把它们列在一张清单上。

你可以通过以下方法发掘你的企业想法：

- 调查你准备创业地区的环境。
- 调查你准备创业地区的企业情况。
- 利用你的技能和经验。
- 利用各种问题。
- 利用互联网。

当你应用这些方法时，你可以从家人那里获得支持和帮助，还可以请你的朋友帮忙。

1. 调查你准备创业地区的环境

发挥你的创造力，在你想要创业的地区发现更多需求，从而产生更多的企业想法。再看一看当地现有企业一览表，如果表中已经涉及大部分当地市场，那么你就可以从中分析出当地市场发展的现状。

分析你准备创业地区的各种资源和机构，这有益于你获得好的企业想法。例如，你可以考虑去调查你准备创业地区的自然资源、各类机构、工业园区和农产品交易会等。

（1）调查自然资源

调查你准备创业地区具有哪些资源，分析这些资源可以用来制作哪些有用的产品，且制成产品的过程不会对环境造成破坏。这里所说的自然资源主要包括土地、水域、森林、矿产以及各种特产等。

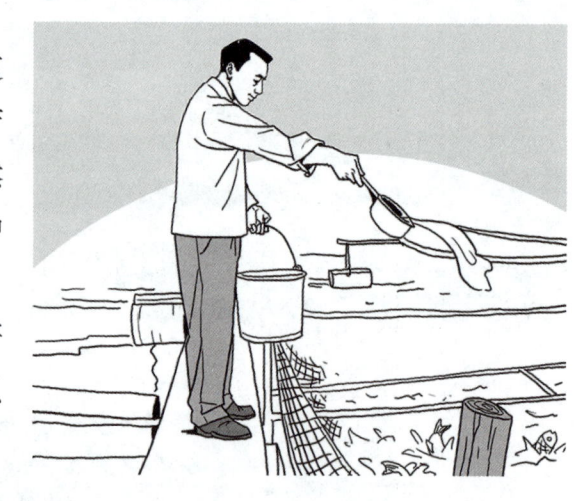

例如，如果你准备创业的地区有水质很好的、非饮用水水源地的河流或者湖泊，你就可以考虑在这里创办一家水产养殖场。

（2）调查各类机构

你准备创业的地区有没有学校、医院或机构？你认为哪些企业能够服务于这些机构？比如，这些机构可能有诸如机械设备修理、草木花卉养护、房屋庭院清洁之类的需求，它们也许还需要文具、清洁用品、食品以及物流运输服务等。一家机构可能就是一个大客户，你可以调查一下它们从哪里购买产品或服务，以及它们对现有产品或服务是否有不满意的地方。

（3）调查工业园区

你准备创业的地区有工业园区吗？它们需要什么样的服务？对于它们常用的生产物资，你可以提供吗？它们愿意将它们的部分业务委托给其他企业吗？它们的员工有什么生活需求尚未得到满足？例如，一家建筑公司或许会将其正在进行的新建房屋的油漆工作委托出去，一家大规模生产制造企业或许会将产品所需的包装生产业务委托给其他企业。你可以多与工业园区中的工作人员交流，也许能获得一些企业想法。

（4）调查农产品交易会

在你准备创业的地区，政府或机构可能会不时举办农产品交易会、农产品推广会等活动，定期组织以推广销售地方农产品为主的季节性活动，如枇杷节、葡萄节、龙虾节等。你要多参加这类活动，或许能够收集到许多有助于产生企业想法的、来自供求双方的有用信息。

完成第41页的实践5，调查你准备创业地区的环境，产生企业想法。

2. 调查你准备创业地区的企业情况

另一种产生企业想法的好方法是调查你准备创业地区的企业情况。到那里去看看，了解这个地区已有哪些类型的企业，是否还有某些需求尚未得到满足的市场空白。

与朋友一起进行这项活动会更轻松。如果你准备创业的地方在一个村庄或小镇里，你可以走遍整个村庄或小镇。如果你准备创业的地方在较大的城镇里，你可以调查这个城镇的工业区、集市和商业区。

王强和刘丽的创业故事（四） 调查准备创业地区的企业情况

王强回到老家，思前想后，不知道自己在镇上做什么生意好。于是，他决定先到镇上看一看，了解一些信息。王强调查了当地的工业区、集市和商业区，还与当地小企业家协会的工作人员进行了交谈，并查看了黄页（当地企业名录），然后制作了一张镇上所有企业一览表。

我准备创业地区现有企业一览表			
贸易企业	制造企业	服务企业	农、林、牧、渔企业
23家路边果蔬摊	1家饲料生产厂	1家医院	16家养鸡场
10家路边服装摊	1家农用物资生产厂	2家医疗诊所	18家小型奶牛场
32家路边小商品摊	1家农产品加工厂	4家银行	10个蔬菜种植基地
4家家具店	4家木材加工厂	4家汽车修理厂	1个花卉种植园圃
1家加油站	2家家具厂	5家农机修理店	
3家果蔬店	2家小型面粉厂	3家电器维修店	
2家鲜花店	6家柳编制品加工厂	1家家政服务公司	
9家服装鞋帽店		1家农机设备租赁公司	
4家五金店		8家幼儿园	
2家电器商店		4家运输公司	
3家农用物资店		5家早餐店	
2家文具店		9家餐馆	
4家药店		3家自行车修理行	
2家农机店		2家旅馆	
3家肉店		1家会计师事务所	
		1家印刷厂	
		1家邮局	
		3家修鞋店	
		8家教育培训机构	

根据调查结果，王强对镇上的市场做出以下评价：

- 人们每次消费金额不多，当地没有高档品或休闲品商店。
- 农业生产是该地区的主要经济活动。
- 随着小镇居民数量的增加，当地新增了很多餐馆。
- 小镇正处在快速发展中，有很多建材供应商。

然后，王强列出了镇上目前还没有或数量较少的企业一览表，而这其中可能就蕴含着很好的创业机会。

镇上有经营可能性的企业			
贸易企业	制造企业	服务企业	农、林、牧、渔企业
儿童玩具店 儿童服装店 家居用品店（床上用品店、厨房用品店等） 工艺品店 廉价服装店 书店 运动商品店 乐器店 小食品批发部 农用物资批发部	儿童玩具厂 陶器厂 柳编制品加工厂 地毯加工厂 蜡烛加工厂 糖果加工厂 针织品加工厂	广告代理商 宴席承办企业 美容院 农村丧葬服务企业 职业中介企业 孕妇服务企业 老人和病人护理服务企业 家庭装修公司 婚庆公司 外卖送餐服务企业 电影院	花卉种植企业 水果种植企业 水产养殖企业 生态农庄

发现这些可能的创业机会后，王强很兴奋。他从中选择了一些自己认为能做并且镇上居民可能需要的企业，然后填入自己的创业想法一览表中。这些企业有：

- 外卖送餐服务企业。
- 农村丧葬服务企业。
- 廉价服装店。
- 电影院。
- 柳编制品加工厂。

完成第42页的实践6，调查你准备创业地区的企业情况，产生企业想法。

3. 利用你的技能和经验

你的生活经验、在打工时获得的知识技能、兴趣爱好、人际关系和家庭背景等对你创业都可能产生重要影响。

例如，如果你做了很多年的家政服务员，学会了烹饪、插花和安排晚宴等技能，你就可以考虑利用这些技能和经验创办一家家政服务公司。

如果你对修理家用电器感兴趣，这同样能成为你产生企业想法的灵感来源。

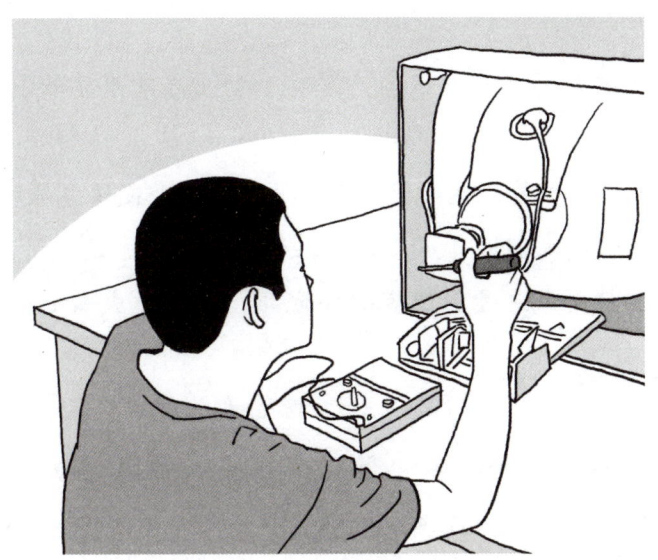

 完成第43页的实践7，利用你的技能和经验，产生企业想法。

4. 利用各种问题

一家企业通过提供产品或服务来满足顾客的需求，并以解决人们工作、生活中遇到的各种问题来求得自己的生存与发展。在思考创办什么样的企业时，你应该去体会人们在满足自己需求或解决各自问题过程中遇到的难处。你可以从以下几个方面展开你的思路。

自己遇到的问题——想一想，你在当地购买产品或服务时遇到过什么问题。比如：

"现在很难买到不打农药的蔬菜和水果了。"

"这个镇子里的娱乐场所太少，周末太无聊了。"

"这儿的药店太差了，很多常用药总是缺货。"

"寄快递包裹要走很远的路。"

其他人遇到的问题——通过倾听其他人的抱怨，了解他们的需求和遇到的问题。比如：

"商店里手机的款式又少又陈旧，且维修困难。"

"学校附近没有那种物美价廉、经济实惠的小饭店。"

工作中遇到的问题——你在为一家机构或企业工作时，也许会注意到，某种服务不到位或某种物料供应缺失会直接影响你的工作效率，甚至影响你能否完成工作任务。比如：

"我找不到适合这台拖拉机的配件，只能停工等料。"

"我们的制砖机经常因配件质量问题而停机。"

"养殖场里的猪生病了，我买不到见效快的药品。"

要知道：
- 人们无法获得所需要的产品或服务，这对于创业者来说显然是一个填补空白的商业机会。
- 现有企业提供的服务很差，这对于新企业来说是一个提供更佳服务的竞争机会。
- 物价上涨很快，致使人们连日用品的价格都难以接受，这种情况下也是存在机遇的。你可以寻找更便宜的货源，或者是更便宜的替代品，抑或是成本更低、效率更高的分销系统。

完成第44页的实践8，利用各种问题，产生企业想法。

5. 利用互联网

互联网和我们每个人的联系越来越紧密。它提供了各种关于企业和顾客的信息，这些信息为你寻找企业想法提供了非常好的平台。比如：

- 如果你在企业交易网站上看到很多企业发布求购竹子的信息，而你准备创业的地区有充足的竹子资源，这可以帮助你产生一个企业想法。
- 如果你在购物网站上看到众多商家提供很多新型农机具，而这些新型农机具在你准备创业的地区很难买到，这也许可以给你提供一个企业想法。
- 如果你在一些网络即时通信软件和交流平台上发现很多人发布绿色农产品供应和需求方面的资讯，这也许可以给你提供一个关于生产或销售绿色农产品的企业想法。

当然，你可以将互联网技术与前面讲述的其他产生企业想法的方法结合起来使用。例如，倘若你准备开办一家农家乐，但是不知道到底开办什么样的农家乐比较好，你就可以利用一些搜索网站了解近期人们对农家乐的偏好，同时也可以了解一些开办和经营农家乐方面的信息。

互联网不仅可以帮助你产生很多企业想法，也可以为你的企业提供创业场所和销售渠道。我们通常所说的"互联网+"，就是依托互联网信息技术实现互联网与传统产业的融合。你可以思考如何把云计算、大数据、人工智能、物联网等新一代信息技术和农村传统产业相结合，开展网络化活动或拓展农村信息服务业务。例如，你可以利用你的技能和经验，通过互联网提供养鱼技术服务等。

但是，利用互联网创业同样有风险，在利用互联网寻找企业想法时，你必须谨慎地辨别信息，最好多向熟悉互联网的专业人士请教。

根据国家政策，创办小微企业可免费获得大型互联网企业和电信企业的平台入口、数据信息等资源。很多电商平台会为入驻店主提供融资支持、专业培训和销售数据反馈等服务，帮助店主丰富和补充创业资源，减轻店主的创业压力。

完成第45页的实践9，利用互联网，产生企业想法。

四、筛选你的企业想法

完成第46页的实践10，整理出你的企业想法一览表。

到目前为止，你已经有了很多企业想法，下一步任务是努力把你的企业想法一览表中的企业想法减少到3~6个，只留下你认为最适合你的那几个企业想法。

你要认真思考每一个企业想法，并从企业想法一览表中筛选出最适合你的企业想法。企业想法一览表中列出的企业可能还有很多方面是你所不了解的，你可以从以下四个方面着手，做出准确的选择。

看看你的企业想法一览表，针对每一个企业想法回答以下问题。

（1）关于顾客的问题
- 谁将是这家企业的顾客？
- 顾客的数量足够多吗？
- 顾客有能力购买这种产品或服务吗？
- 顾客愿意到你的企业购买产品或服务吗？

（2）关于竞争对手的问题
- 在你准备创业的地区是否已经有其他类似企业存在？
- 如果有其他类似企业，你如何才能在与它们的竞争中获得成功？

（3）关于资源和需求的问题
- 你如何保证所提供的产品或服务的质量能够满足顾客需求？
- 你从哪里获得创办这家企业的资源？

- 你从哪里得到有关创办这家企业的建议和信息？
- 你能获得企业需要的设备、厂房及合格的员工吗？
- 你能筹集到满足这些需求所需要的资金吗？

（4）关于你的技能、知识和经验的问题

- 你对这家企业的产品或服务了解多少？
- 你有哪些技能、知识和经验能帮助你经营这家企业？
- 为什么你认为这家企业会赢利？
- 你的个性和能力如何才能适应这家企业的经营？

王强和刘丽的创业故事（五） 筛选合适的企业想法

王强调查了家乡的环境，收集了大量的企业信息，提出了15个企业想法。在和妻子刘丽反复商量后，他从中选出了自己喜欢的5个想法，并逐一进行了分析。

我的企业想法一览表		
企业想法	分析	筛选结果
外卖送餐服务企业	我的妻子刘丽擅长并喜欢做饭。目前镇上还没有做这行的企业，但这种服务需求却很多，相信企业效益会很好。我喜欢与人打交道，能够调查到人们喜欢吃什么，愿意为之付多少钱。创办这样的企业不需要太多钱	√
农村丧葬服务企业	我有参加农村葬礼的经验，但是没有经营这类企业的技术。我必须雇人来干。而且，经常参加葬礼会让我心烦意乱	×
廉价服装店	我曾经在一家服装店打工，有一定的经验，能辨别服装质量，在服装款式的选择上有自己独到的眼光。镇上没有其他廉价服装店，很多顾客想穿漂亮服装但又舍不得买高价服装，如果服装店里的服装既时髦又便宜，肯定能很快占领这片市场。我很喜欢经营这样的商店，不仅能多与人交往，还能接触时尚的东西，况且进货也不需要很多钱	√
电影院	我喜欢看电影，目前镇上没有电影院。但是，我没有经验，而且开办电影院成本很高。镇上进电影院看电影的多为年轻人，且人数较少	×
柳编制品加工厂	我从小学习柳编技术，拥有高超的柳编技艺。在城里打工时，我发现很多家庭都会购买柳编制品做装饰。我的妻子刘丽曾经在一家柳编制品加工厂打工，有一定的经验。我的家乡盛产柳条，原材料既便宜又很容易得到。当地很多妇女都掌握柳编技艺，我可以雇用她们。虽然当地已有一些加工柳编制品的企业，但它们规模较小，产品样式不新颖。当地政府已将柳编制品加工行业列入重点产业发展规划	√

通过对上述5个想法的优劣势进行分析，王强筛选出其中3个想法：
- 外卖送餐服务企业。
- 廉价服装店。
- 柳编制品加工厂。

完成第47页的实践11，筛选你的企业想法。

五、分析你的企业想法

现在，你已将你认为最适合的企业想法减少到了3个，你还需要收集关于这些企业想法的更多信息。你的目标是分析影响你接受或放弃一个企业想法的各种因素。以下是你可以用来分析企业想法的3种方法。
- 实地调研。
- SWOT分析。
- 环境影响评估。

1. 实地调研

通过与顾客、供应商和企业界人士交谈，你能够收集到一些十分有用的信息，来了解那些影响你的企业想法的因素。你可以安排非正式的讨论并进行观察，或者安排正式的访问和会谈。访问比较费时间，但通过实地调研，你已经可以像一名成功的企业人士那样开始行动了，并且你在实地调研过程中交往过的一些人也可以为你开展后续工作提供帮助。下面的表格可以帮助你进行实地调研。

调研对象	调研内容（问题）	注意事项	准备工作
顾客	• 你在哪里购买这种产品或服务？ • 你为什么从那里购买？ • 你多长时间买一次？什么价格？服务质量如何？ • 你觉得有哪些需要改进的地方，可以询问顾客更看重哪些因素，如样式、质量、包装、服务、地点、物流、价格等 • 如果是新上市的产品或服务，可以询问顾客更看重哪些因（素，如样式、包装、地点、服务、物流、价格等）	• 出示你的产品或服务的样本或照片可能很有用 • 最好问一些能引发顾客认真思考的问题 • 询问价格时，最好给出一些具体的价格，请顾客选出他们认为最合理的价格	• 用笔把调研对象所说的话记录下来，如果他们不介意你做笔记，就尽量记住他们说过的内容，之后尽快把这些内容整理出来 • 带一张问题清单去问问题，尽可能地使交谈自然地进行。在交谈中，话题引出另一个话题尽量只问一个问题 • 每次提问只问一个问题 • 不要问那些可以简单回答的问题，而要问开放式的问题，比如什么、为什么、哪里、何时、如何等 • 不要担心问题多或频繁提问 • 认真倾听对方的回答，确保你正确理解了他们所说的内容
竞争对手	• 你认为人们多长时间购买一次这种产品或服务，一次买多少？ • 有多少竞争对手已经在提供这种产品或服务？ • 人们对这种产品或服务的需求数量是不变的还是在不断变化的？	• 竞争对手是不会轻易回答你的问题的，你可以尝试去其他们企业进行消费或观察 • 你可以去另一个地方与你的间接竞争对手交谈 • 实力雄厚的竞争对手对市场的了解往往更全面	
供应商、批发商	针对贸易企业和服务企业的供应商： • 供应有保障吗？ • 容易拿到货吗？ • 能拿到什么质量、什么价格的货？ • 需要多大的库存量？ • 对产品的包装和维护有什么要求？ 针对原材料批发商： • 购买一定数量的原材料要付多少钱？ • 供应有保障吗？还有谁供应这些原材料？这些原材料在库存、运输、运输或使用方面有哪些特殊要求？	• 专门销售相关产品或服务的市场和批发市场的信息比较集中、全面 • 不管供应商和批发商的规模大小，都应该对其进行调研	
其他关键信息提供者	• 你认为市场的需求量有多大？需求量的变化趋势如何？ • 你认为促使人们购买这种产品或服务的最重要因素是什么？ • 你认为对产品或服务有哪些发展趋势如何？ • 人们在使用方面有哪些需求？这些需求是否根本无法实现或者很难实现？ • 你认为人们还需要什么？	• 其他关键信息提供者可能是大公司的经理或采购人员，机构的行政人员，你的主要客户，政府部门人员、行业专家等	

完成第48~50页的实践12，对你的企业想法进行实地调研。

2. SWOT 分析

SWOT 分析可以帮助你集中考虑每个企业想法可能存在的问题和具备的潜在优势。你需要知道你的企业想法是否合适，是否经得起推敲，是否能使你的企业具有竞争力和赢利能力。

SWOT 由 Strength（优势）、Weakness（劣势）、Opportunity（机会）、Threat（威胁）四个英文单词的第一个字母组合而成。SWOT 分析是用来分析评估企业自身的优势、劣势和外在的机会、威胁，从而将企业内部资源与外部环境有机结合起来的一种分析方法。进行 SWOT 分析时你要仔细考虑，并写下自己企业的所有优势、劣势、机会和威胁。

优势和劣势是存在于企业内部的你可以改变的因素。

- 优势是指你创办企业的有利因素。例如，你计划销售质量更好的产品或服务，或是你计划选择一个离顾客更近的地点创业。
- 劣势是你创办企业不太擅长的方面。例如，你的产品或服务比竞争对手的贵，你没有足够的资金按照自己的意愿开展促销活动，你无法像竞争对手那样提供综合性的系列服务等。

机会和威胁是存在于企业外部的你无法施加影响的因素。

- 机会是指对你计划创办的企业有利的事情。例如，由于越来越多的游客来你的家乡观光，你计划生产的产品的需求量将会增加。
- 威胁是指可能发生的会对你计划创办的企业产生负面影响的事情。例如，企业想法太简单，以致其他人也可能在这个地区开办类似企业，这样会减少你的企业所占的市场份额。

练习 3

请完成下面的连线题。

优势（S）　　　　供应商要求提高售价

　　　　　　　　企业销售人员能力强

劣势（W）　　　　竞争对手购买了生产效率更高的设备

　　　　　　　　资金短缺

　　　　　　　　目前企业主营的机械产品质量好

机会（O）　　　　企业内部管理混乱

　　　　　　　　销售的农产品种类单一

　　　　　　　　市场需求减少

威胁（T）　　　　政府出台购买补贴政策

王强和刘丽的创业故事（六） 分析企业想法

王强和刘丽分别对筛选出的3个企业想法进行了SWOT分析。下面是他们对创办柳编制品加工厂这一企业想法进行的SWOT分析。

SWOT 分析		
企业想法：<u>柳编制品加工厂</u>		
企业内部		
优势		劣势
王强在城里打工时，在很多相关行业工作过		王强和刘丽没做过柳编制品生意
王强有销售家具的经历		王强和刘丽缺少企业管理知识
王强从小学习柳编技术，拥有高超的柳编技艺。妻子刘丽在柳编制品加工厂工作过，有一定的工作经验		
儿子王小明在学校里学习过企业管理知识		
企业外部		
机会		威胁
市场对柳编制品的需求越来越大		镇上已有一些加工柳编制品的企业
镇上现有的柳编制品加工厂规模较小，产品单一，产品样式不新颖，质量也不稳定		
当地盛产柳条，柳编制品的原材料充足且价格低廉		
当地对返乡农民工创业有优惠政策		
分析比较		
优势比劣势多吗？	是☑	不是☐
机会比威胁多吗？	是☑	不是☐
我将如何应对劣势和威胁		
参加当地政府有关部门组织的创业培训班		
向有创业经验的同乡学习		
进一步调查竞争对手的情况		

王强和刘丽在对3个企业想法都进行SWOT分析后，决定继续为柳编制品加工厂制订一份企业计划，因为创办柳编制品加工厂的优势明显多于劣势。而且，对于当前存在的劣势，王强认为可以找到可行的方法予以克服。通过汇总收集到的信息，他们发现，近几年人们对柳编制品的需求不断增加，虽然有几家同行，但市场供应缺口仍很大。

记 住

如果你的企业无法应对某些劣势和威胁，就说明你的企业想法存在很大的风险，你要三思而后行。

你在做完SWOT分析后，应该能够评估你的企业想法的可行性并做出以下决定：
- 坚持自己的企业想法并进行全面的可行性研究。
- 修改原来的企业想法。
- 完全放弃这个企业想法。

完成第51~53页的实践13，为你选择的3个企业想法做SWOT分析。

3. 环境影响评估

环境由物质（如水、空气和土壤）、生物（如植物和动物）和社会成分（像你我一样的人）构成。所有企业都是我们生存环境的一部分，企业的发展与环境息息相关。

下图表明了企业对环境产生的影响。企业生产要消耗原材料和从环境中获取的其他资

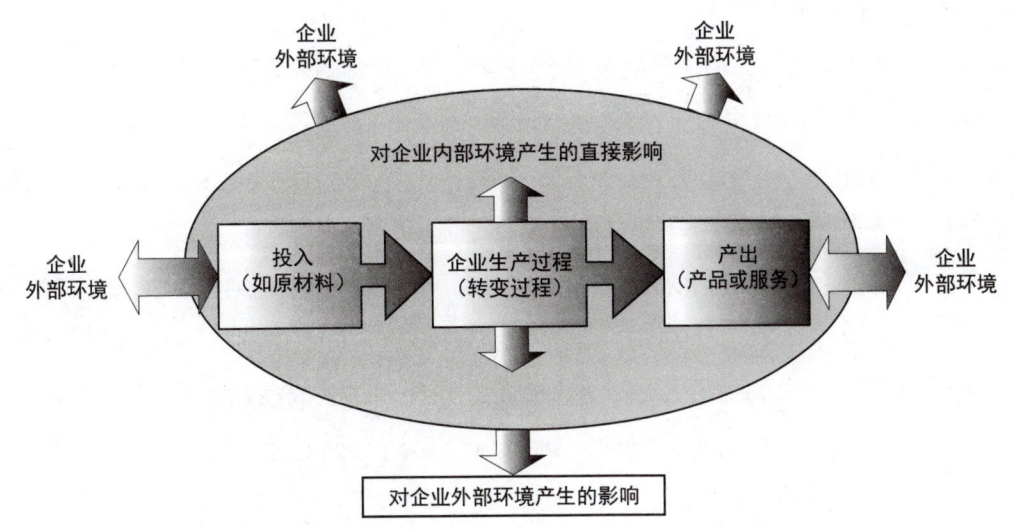

源，在将这些资源转变为产品的过程中会对环境产生影响，最后还要在环境中与顾客进行商品（产品或服务）交易。

图中将企业内部环境和外部环境区分开来：

- 企业内部环境是指企业自身的生产经营环境。例如，作为其内部环境的一部分，会受到生产过程中职业健康与安全风险影响的企业员工。
- 企业外部环境是指与企业相关的所有其他物质、生物和社会成分。例如，居住在外部环境里，为消费企业生产的产品或服务而向企业付钱的顾客。

一家企业对其环境的影响既可能是积极的，也可能是消极的。例如，一方面，企业对环境产生积极影响，因为它向人们提供了就业机会，增加了人们的收入；另一方面，企业也可能对环境产生消极影响，因为它可能会开采大量的非可再生资源，或在生产过程中污染环境。

为了保证你计划创办的企业能够长期生存和可持续发展，你必须保证将企业对环境产生的负面影响降到最低程度。

如果你无视你的企业对环境产生的负面影响，你将会遇到很多问题。如果你的企业不遵守有关环境保护的法律法规，政府有关部门会对你依法进行处罚；如果你的企业污染了当地环境，你的邻居和整个社区（其中有你的顾客）可能会联合起来抵制；如果你的生产过程给你的员工带来职业健康和安全方面的隐患，他们可能会拒绝为你工作。

此外，如果你的企业过度开采稀有自然资源，你很快就会遇到生产所需原材料缺乏的问题。例如，你建立了一家以近海海洋捕捞为主要经营项目的渔业企业，在对渔业资源进行捕捞时无视对环境产生的负面影响，长期过度捕捞，那么捕捞量就将随着渔场环境被破坏而逐渐减少，你的企业利润也会随之不断降低，最终导致企业难以为继。由此可见，可持续性资源管理是企业生存的关键。

环境影响评估（Environmental Impact Assessment，EIA）能帮助你确定企业可能会对环境产生的负面影响。对企业内部环境影响的评估方法涉及企业内部管理，你要使你的企业生产过程中的职业安全与卫生条件符合法律法规的要求；评估企业对外部环境的影响涉及范围较广，是一项非常重要的工作，你要保证你的企业排放到环境中的污染物质达到合格标准。此外，你还要具体说明计划采取哪些措施将企业对环境产生的负面影响降到最低程度。

下面所建议的环境影响评估方法很简单，可以帮助你快速筛选你的企业想法。

● 核对你的企业的经营项目是否在国家环保部门交由当地环保部门审批的企业经营范围内。你可以到当地环保部门查询相关的法律法规。

● 具体说明你的企业可能造成的污染，如水污染、固体垃圾污染、空气污染、噪声污染等。

● 你是否有对企业污染所采取的相关治理措施。

● 核准你的企业污染是否在国家规定的参数范围内。

 记 住

"绿水青山就是金山银山。"在农村创业应该更多地立足于不破坏生态、不破坏环境的"绿色创业"，这样既能发家致富，又可以造福子孙后代。

完成第54页的实践14，分析你想要创办的企业对环境的影响。

六、确定你的企业想法

到目前为止，如果你发现仍然不能确定哪一个企业想法最适合自己，那么你还需要做更多的工作。分析一下，是什么让你无法下定决心。

- 如果是因为你在最后3个企业想法中无法做出选择，那么，你需要与这些企业所属领域的"关键信息提供者"进行交谈，以便获得更多的建议和信息。

- 如果是因为不能肯定你是否真的适合创办一家企业，那么，返回去看看第3~8页的自我评价测试，再次考虑每项陈述和你的答案。也许你更适合做别的工作，而不是经营自己的企业。"三百六十行，行行出状元"，成功的路不止一条，你可以选择一份更加适合自己的工作。

- 如果是因为你对筛选出的3个企业想法感到不满意，那么，你可以先休息一段时间，然后再次阅读本手册第16页之后的内容，重新寻找其他企业想法。

在你发现最适合你的企业想法之前，你常常需要花更多的时间、做更多的工作以及得到更多的信息。当你朝这个目标迈进时，你将会增长知识、积累经验、提高技能，所有这些都会帮助你提高创办和经营企业的能力。

完成第55页的实践15，确定你的企业想法。

小结

企业想法是一家真实企业的起点，一个好的企业想法是一家企业成功的基石。寻找和发现企业想法，并且分析和筛选出适合自己的企业想法是企业主必须掌握的技能。

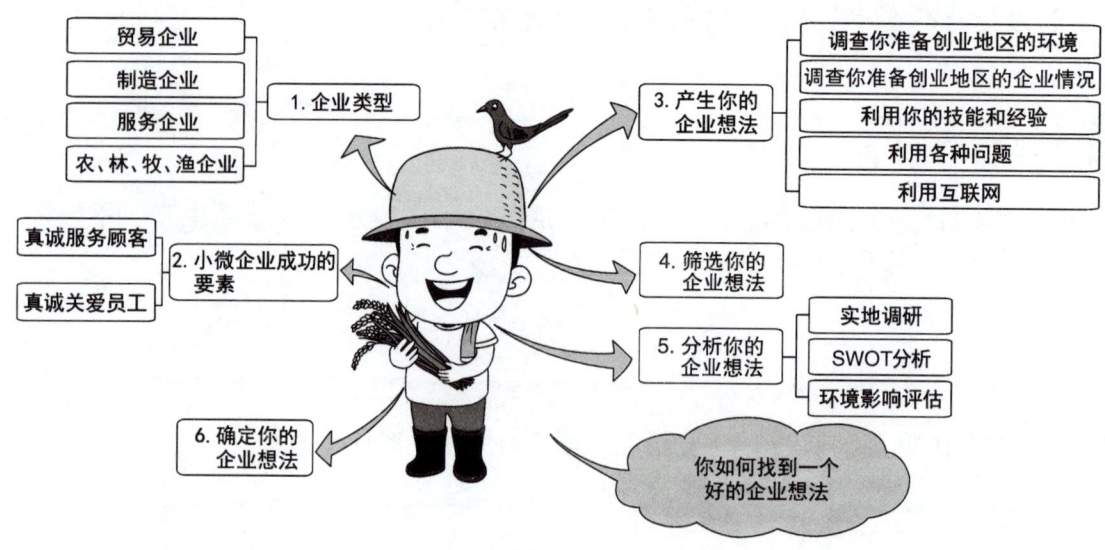

实 践

实践 1　估算你能拿多少钱创业

项目	金额（元）
收入	
1. 现金	
2. 存款	
3. 其他	
收入合计（A）	
支出（以后___个月）	
1.	
2.	
3.	
4.	
5.	
6.	
7.	
8.	
9.	
支出合计（B）	
剩余资金（A-B）	
你准备拿多少钱创业？	

实践 2 你是否具备成功创办小微企业的关键因素

我选择创业的动机和决心：

1. _____
2. _____
3. _____
4. _____
5. _____

我具备的创业素质和能力：

6. _____
7. _____
8. _____
9. _____
10. _____

我的企业想法和市场：

11. _____
12. _____
13. _____
14. _____
15. _____

我的创业环境和资源：

16. _____
17. _____
18. _____
19. _____
20. _____

注意：如果你发现自己无法完成这个练习，并不意味着你一定不能成为创业者，只能说明你还没有做好创业前的准备工作。接下来你要认真学习后面的内容，为成为真正的企业主而努力！

实践 3　增强你的创业能力

请实事求是地填写表格，在左列中列出你认为自己在创业方面存在的不足，在右列中对应列出你弥补这些不足的计划。

存在的不足	弥补不足的计划

实践4　你喜欢创办哪类企业

思考下面的问题，然后在你喜欢创办的企业类型前面的□内画"√"。

- 你认为自己在哪类企业中经验最丰富或掌握技能最多？
- 你喜欢和很多人一起工作还是自己工作？
- 你喜欢动手的工作还是与人交谈的工作？
- 你喜欢在户外工作还是坐在办公室里工作？

□贸易企业

□制造企业

□服务企业

□农、林、牧、渔企业

□其他（请说明）_____

写出你选择这种企业类型的原因：

记住，你可以随时回到此步骤，重新思考你的选择。

实践5　调查你准备创业地区的环境，产生企业想法

环境	企业想法
1. 自然资源	
2. 各类机构	
3. 工业园区	
4. 农产品交易会	

实践6 调查你准备创业地区的企业情况，产生企业想法

1. 收集你准备创业地区的现有企业信息，统计每种类型的企业有多少家，填入下表中。

我准备创业地区的现有企业一览表

贸易企业	制造企业	服务企业	农、林、牧、渔企业

2. 在下表中填入你准备创业地区的潜在企业。

我准备创业地区的潜在企业一览表

贸易企业	制造企业	服务企业	农、林、牧、渔企业

实践 7 利用你的技能和经验，产生企业想法

在下面的横线上写出你能够想到的事情，越多越好。

我的技能——我擅长做以下事情：

1. _____
2. _____
3. _____
4. _____
5. _____

我的兴趣——我喜欢做以下事情：

1. _____
2. _____
3. _____
4. _____
5. _____

我的经验——我有以下工作或培训经历：

1. _____
2. _____
3. _____
4. _____
5. _____

我的关系网络——以下是我的亲戚和朋友，还有我认识的其他一些人，他们在企业工作，可以提供相关信息、建议或帮助（说明他们的职位）：

1. _____
2. _____
3. _____
4. _____
5. _____

你可能有很多技能、经验和社会关系，这些都能够帮助你规划和创办企业。当你产生新的企业想法时，你可以随时返回来将它们添加到这张单子里。

实践 8 利用各种问题，产生企业想法

问题	企业想法
1. 自己遇到的问题	
2. 其他人遇到的问题	
3. 工作中遇到的问题	

实践9 利用互联网，产生企业想法

收集到的有价值的信息	企业想法
网站/通信软件/交流平台：_____	
需求方面的信息： ―――――――――――――――――― ―――――――――――――――――― 供应方面的信息： ―――――――――――――――――― ――――――――――――――――――	―――――――――――――――――― ―――――――――――――――――― ―――――――――――――――――― ―――――――――――――――――― ―――――――――――――――――― ――――――――――――――――――
网站/通信软件/交流平台：_____	
需求方面的信息： ―――――――――――――――――― ―――――――――――――――――― 供应方面的信息： ―――――――――――――――――― ――――――――――――――――――	―――――――――――――――――― ―――――――――――――――――― ―――――――――――――――――― ―――――――――――――――――― ―――――――――――――――――― ――――――――――――――――――
网站/通信软件/交流平台：_____	
需求方面的信息： ―――――――――――――――――― ―――――――――――――――――― 供应方面的信息： ―――――――――――――――――― ――――――――――――――――――	―――――――――――――――――― ―――――――――――――――――― ―――――――――――――――――― ―――――――――――――――――― ―――――――――――――――――― ――――――――――――――――――

实践 10　汇总你的企业想法

将你在实践 5~9 中产生的所有企业想法汇总在下表中。

我的企业想法一览表

企业想法	分析

不用担心你的企业想法太多，这张一览表中的企业想法数量没有限制。如页面不够，你可以自己添加纸张，把你认为各种可能成功的企业想法都加进去。

如果你没有很多企业想法，你可以在对市场和企业有更多了解之后再尝试。

实践 11　筛选你的企业想法

按以下步骤筛选：

1. 看一遍实践 10 中你的企业想法一览表，划掉你不再感兴趣的想法。
2. 逐个分析剩下的企业想法，列出你的优势和劣势（如页面不够，你可以自己添加纸张）。
3. 认真思考你所做的记录，用画"√"或"×"的形式做出筛选。

我的企业想法一览表

企业想法	分析	筛选结果

4. 认真思考并确定你愿意做进一步分析的 3 个企业想法，写在下面的横线上。

（1）_____
（2）_____
（3）_____

如果你在后面的实践中发现所选择的这 3 个企业想法有问题，你可以随时返回来再做一遍这个实践。

实践 12　对你的企业想法进行实地调研

你已经从企业想法一览表中筛选出了 3 个想法，从你认为最可行的一个企业想法开始，通过实地调研收集相关信息，越多越好。制订你的实地调研计划并填入下表中。

企业想法 1：＿＿＿＿＿＿＿＿＿＿＿＿＿＿＿＿＿＿＿＿＿＿＿

需要调研哪些情况	调研对象	交谈的问题

你要去收集这些信息，然后为第二个企业想法制订另一份实地调研计划。在完成第二个企业想法的实地调研后，接着做第三个企业想法的实地调研。当你有了一些经验之后，这项工作做得就快了。

企业想法2：_____

需要调研哪些情况	调研对象	交谈的问题

企业想法 3： _____

需要调研哪些情况	调研对象	交谈的问题
------------------------	------------------------	------------------------
------------------------	------------------------	------------------------
------------------------	------------------------	------------------------
------------------------	------------------------	------------------------
------------------------	------------------------	------------------------
------------------------	------------------------	------------------------
------------------------	------------------------	------------------------
------------------------	------------------------	------------------------
------------------------	------------------------	------------------------
------------------------	------------------------	------------------------
------------------------	------------------------	------------------------
------------------------	------------------------	------------------------
------------------------	------------------------	------------------------
------------------------	------------------------	------------------------
------------------------	------------------------	------------------------
------------------------	------------------------	------------------------
------------------------	------------------------	------------------------
------------------------	------------------------	------------------------
------------------------	------------------------	------------------------
------------------------	------------------------	------------------------
------------------------	------------------------	------------------------
------------------------	------------------------	------------------------
------------------------	------------------------	------------------------
------------------------	------------------------	------------------------

实践 13　为你选择的企业想法做 SWOT 分析

现在，为你选择的 3 个企业想法分别做 SWOT 分析。

1. 在第一张 SWOT 分析表中写出你选择的 3 个企业想法中的第一个。
2. 认真考虑该企业内部的优势和劣势、外部的机会和威胁，并把这些信息记录下来。
3. 对优势和劣势、机会和威胁进行分析比较，并回答表中的问题。
4. 考虑你将如何应对劣势和威胁，在表中相应位置写出你的决定。
5. 用第二张 SWOT 分析表为你的第二个企业想法做分析，重复上述第 2~4 步。以此类推，用第三张 SWOT 分析表为你的第三个企业想法做分析。
6. 当你完成了 3 个企业想法的 SWOT 分析后，认真比较这些分析结果，选出一个优势和机会更多，且你认为自己最适合创办、最有可能成功的企业想法。

SWOT 分析

企业想法 1： _____

企业内部	
优势	劣势
企业外部	
机会	威胁
分析比较		
优势比劣势多吗？	是□	不是□
机会比威胁多吗？	是□	不是□
我将如何应对劣势和威胁		

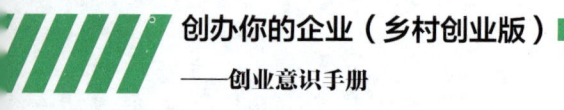

SWOT 分析

企业想法 2： _____

企业内部	
优势	劣势
....	....
企业外部	
机会	威胁
....	....

分析比较		
优势比劣势多吗？	是□	不是□
机会比威胁多吗？	是□	不是□

我将如何应对劣势和威胁
....

SWOT 分析

企业想法 3: _____

企业内部	
优势	劣势
…………………………………… …………………………………… …………………………………… …………………………………… ……………………………………	…………………………………… …………………………………… …………………………………… …………………………………… ……………………………………
企业外部	
机会	威胁
…………………………………… …………………………………… …………………………………… …………………………………… ……………………………………	…………………………………… …………………………………… …………………………………… …………………………………… ……………………………………
分析比较		
优势比劣势多吗?	是☐	不是☐
机会比威胁多吗?	是☐	不是☐
我将如何应对劣势和威胁		
……………………………………………………………………………… ……………………………………………………………………………… ………………………………………………………………………………		

实践

53

实践 14 分析你想要创办的企业对环境的影响

环境影响评估表

环境影响类型	有	没有	对环境造成的影响及环保措施
水污染			
固体垃圾污染			
空气污染			
噪声污染			
企业内部安全措施不到位			
其他问题			

实践 15　确定你的企业想法

1. 企业名称：_____

2. 企业类型（请在相应的□内画"√"）：
   □贸易企业　　　　　　　□制造企业
   □服务企业　　　　　　　□农、林、牧、渔企业
   □其他（请说明）_____

3. 企业将销售的产品或服务：
   _____
   _____
   _____

4. 企业的服务对象：
   _____
   _____
   _____

5. 企业将满足顾客下列需求：
   _____
   _____
   _____
   _____
   _____
   _____
   _____